INTENSIDADE

Pedro Barão de Campos
INTENSIDADE

Visite o sítio oficial do autor.
http://www.pedrobaraocampos.com

Comente, deixe a sua opinião sobre o livro e aceda a vários conteúdos multimédia.

Título: Intensidade – Reflexões poéticas
© 2011, Pedro Barão de Campos
Todos os direitos nacionais e internacionais desta obra estão reservados ao autor.

ISBN: 978-989-20-2738-8
Edição de autor.
Impressão, grafismo, correção, revisão e paginação por Oficina do Escritor.

À minha família e amigos.
Ao inseparável Fredi.
Para o meu pai.
Para ti.

Em memória de ti, mãe.

Primeiras palavras

Mais do que um livro de poesia, as páginas que se seguem são um convite para uma viagem interior, de espírito aberto, onde as palavras transportarão o leitor a lugares sem nome, através do movimento incessante do pensamento e da imaginação.

Em Intensidade, há lugares onde o possível e o impossível acontecem.

«O fundamental do que sou, não são as respostas.
São as perguntas que faço.»

O início do caminho

Olhei, de relance, a distância à minha frente
Sabia que haveria algo mais para lá do horizonte
A pele transpirada
O olhar fremente
E a ilusão desmedida de quando estamos perante algo enorme… avassalador…

Fechei os olhos, apertei os dedos
Cumpri o silêncio de quem reza
E dei um passo em frente, na direcção daquela árvore, naquela luminosa manhã.
Foi então que, por uma porção de tempo, vislumbrei através da intensidade da luz e percebi…

Percebi…
Era apenas o início do caminho, à minha frente.
O princípio de tudo o que estava por acontecer…
O meu último passo foi ali
O primeiro passo de muitos lugares e sentires
De intensidade.

Hipernova

Vem
Vem que o tempo dir-te-á o que és

Vem
Descobre o que é o brilho escuro da noite
Talvez compreendas o que me faz atirar papagaios de papel pela janela do universo
Enquanto dou um trago de vinho do Porto
Sucumbindo à amargura das horas
Em que as unhas se desfazem, roídas de ponta a ponta
Como uma rocha desgastada pela erosão

São essas mãos assim
Como o precipício
Que me separa da verdadeira imensidão
Que é o sonho profundo e belo
Que sou eu e tu
Em volta de um cavalo a voar
Em direcção ao que restou
De uma hipernova colossal.

Avenida inatingível

Da cor de uma memória
Indefinida e impossível
Abre-se no longe a estreita porta
De uma avenida inatingível

É um perfume inebriante
Adocicado de penumbra
Flutuando entre a névoa
Repleto de imprevisto e aventura

Quando no vácuo alucino
Para lá do limite real
Vejo um semblante de fascínio
Entre as árvores da marginal

É a tua fotografia
Dentro de um sonho que já tive
Divagando na noite fria
Foste a lanterna do meu caminho

Contei gestos na incerteza
Dessas que toda a gente tem
E em tantos versos cheios de mundo
Foi só em ti que me decifrei

E fiquei longe na madrugada
Entre o rochedo e a maresia

Dedilhando na guitarra
Fluxos breves de fantasia.

Fiquei a chamar por lembranças
Tão perto de lhes tocar
E um respirar tão emergente, próximo...
De explosivo o latejar...

Numa espécie de abrigo secreto
Escondi um diário precioso
Adormeci como um menino pequeno
Extasiado pelas estrelas do céu

Num encantamento supremo
Em silêncios sublimes de grito
Visitei de novo o uivo do lobo e transmutando o vento
Quase me destilei em ironia

É que no espectro colorido de uma memória
Inesquecível, luminosa e febril
Cabe sempre o espaço aberto do futuro
De uma estrada com o destino por definir.

Abre-se agora essa porta estreita
Indefinida e impossível
De onde se vê o horizonte inteiro
Para a avenida inatingível.

Hoje sou eu assim

Tenho sono
Por favor, podes sair?
Hoje quero dormir mais cedo.

Como um menino em busca do colo
Sou eu, aqui aninhado num lençol frio
Como um pranto espaçado e encoberto.

Hoje sou eu assim
Vazio e entranhado de solidão e esperanças
Que deixaram de o ser.

Nostalgia

Uma mão em cima
Uma mão em baixo
No meio está a fotografia
De um poema que não faço

Há sempre presente num artista
O querer tudo num rodopio
É a ser grande e belo e monstruoso e único
Que a palavra poema se confunde com a vida

E nas flores que crescem na berma da estrada de ontem
Há corvos à procura de pedras
Que a noite deixou perdidas

E é em tudo do nada que se vê nessa estrada
Que o tempo não cessa de passar
E o meu dedo apontado ao céu
Indica a ideia de que não me sei lembrar

E essa ideia, que o pensamento me custa a pensar
É que, talvez, na minha aldeia
O vento continua a soprar
E eu não estou lá para o ouvir...
E eu não estou lá para lhe tocar...
É que sou feito das folhas das árvores da minha terra
E do chão molhado em tarde de inverno

O orvalhado desespero do frio da neve
Enleva o terno meigo sonho ao céu
E quem me dera
Que na minha aldeia
Houvesse um menino a nascer como eu!

Quem me dera ser esse menino
Para poder ainda viver lá nesse caminho
E com as ovelhas e com os prados e com as árvores
Brincar e rir e jogar à apanhada
Como amigos de verdade.

O Poeta

Eu não sei
O que escrever
Deito todas as palavras e regras no lixo
E deixo-me morrer

Eu não sei...
O que sentir...
Se a força do estilete
Ou a amarra da faca...

É o veneno do poeta
Que adormece
Quando tem coisas demais
Para o espaço de cada palavra

Eu não sei
Se os pensamentos podem ser pensados
Ou se pensar é apenas um reflexo automático
De um espelho com o nulo refractado.

O tempo

O tempo viaja por nós como um grito
Um grito que se expande pelo infinito
Um grito que não encontra fronteiras de destino
Um grito que morre...
No momento em que entendemos
As cores indefiníveis do caminho

O tempo embarca no cais da incerteza
E evade-se da doutrina e da fachada
Debate-se perante a conquista do instante
Equaciona a partida, dispersa a chegada
E faz de quem somos, novos, velhos, outros...
...Que não são nada...
Além de tudo o que a aurora lhes prometia
Além do vácuo que é estar aqui
Sem poder olhar a janela escancarada!

Apenas existir

Liberta-te dor!
Solta de mim esse peso
Afaga-me com sentimento a pele suada
E sob as cores de um horizonte esquecido
Lembra-te que foste até à beira do abismo
Lembra-te que todos os teus passos
Foram os meus pés que os caminharam
Todos os meus dedos que sentiram a textura do caminho
E a dureza da solidão...

Por isso... Por muito mais...
Livra-te de mim, dor!
Que o tempo que há...
Quero-o apenas para ser menino em ilusões
De felicidades e alegrias supremas
Sem espaço para dilemas nem questões!

Por favor! Quero cair... aqui... inundado de ignorância
Com os olhos sem ver...
E a alma anestesiada...
Com as cores dos lírios do jardim.

Por favor!
Quero um querer que não doa
Quero um estar que seja apenas estar...
Um ser que seja apenas existir, acordar, adormecer, comer, beber, e quando alguma dor surgir, ceder!

Entre os véus...
De uma musa que inventei
Para enganar a solidão
Aqui.

Até lá, tremoços, um copo cheio sobre a mesa e a singela alegria de apenas existir.

Prisioneiro

Vem, vem comigo
O peito é quente
A madrugada é fria
E a saudade que tenho de um sonho
É toda a vida que me resta.

Sou apenas as mãos pintadas
Sim, assim, estas mãos pintadas
Numa cor que tu não vês

Sou apenas o horizonte longe
Essa estonteante montanha
De ilusões em neve fina
Onde nunca irás

Sou esse firmamento de estrelas apagadas
E na verdade, a minha perdição é a liberdade
Que por querer ser livre
Refém me torno em cada instante…!

Sou um prisioneiro faminto
Num país feito de saudade.

O grito de uma planta

De que me esqueci, hoje?
De que me lembrarei amanhã?
Talvez somente de um vaso sem flor
Ou de uma flor num vaso partido.

Porque é que sorriu esse estranho em mim?
Para quê perguntar perguntas assim?
Talvez somente grite essa planta na noite
Que a solidão que a vive
É fria e brutal foice...!

Tempo incerto

Tempos incertos
Me viajam pela mão
São ondas vazando
No percurso da razão

Tempos inquietos
Onde os dias são diferentes
Palavras sem letras
Numa melodia em crescente

Tempos adversos
E o futuro no presente
É o mundo voltado do avesso
A ternura que grita suavemente

E o fim...
O gesto...
O tempo findo no fundo do som...
E é teu...
É teu... o tempo incerto... todo... por inteiro...
Que me resta aqui...
Tempo... incerto...
Do teu sorriso...

Múltiplo

Disperso entre a penumbra
Uma loquacidade quase extravagante
Dissipo dentro de mim a bruma
Que me fazia cego e vacilante

Destruo a barreira de pedra e silêncio
Que a geada das almas nuas me fere
Sou muitos dentro de mim viajando
Sou todos, os que nunca foram Eu's sorrindo...
Chorando...

Sou múltiplo nas dimensões
Transcendente nas emoções
Indecifrável na loucura
E uma plateia de fantasia... emulsiona-me...
Mistura-me com a madrugada fria...
No semblante limiar de um grito triste em euforia.

Arrasto a cómoda
Salto para dentro do jardim
Amanhã serei apenas mais esta terra
Que será vento depois do fim

Acerco-me de poemas que não escrevi
E finjo-me eterno nas palavras
O lume do vazio faz-me cair aqui...

Sei que navego por um futuro do presente
Mas a dois passos e meio...do caminho...e zás...
No amanhã, já ninguém se lembrará de mim.

Poderei dizer então...lá de cima...lá de baixo...ou a meio do caminho...
Que existindo...nunca existi
Fui somente a névoa de um destino
Que algum Ser respirou em ti.

Interrogações

Por onde ando?
Pesquiso informações sobre o meu lugar
Procuro em cada placa
Uma morada que me faça reencontrar quem sou
Quem eu fui
Quem se afastou de mim
Por ruas sem mapas para me guiar.

Por onde grito?
Talvez em lugares nocturnos
Com respostas de outros tempos
Ouvindo a dor a que sucumbo
Quando o rio de água corrente
Estagnou na sombra de uma saudade pendente.

Agora estou aqui
Sem perguntas
Sem respostas
Sou um livro de páginas riscadas
Tudo vacilando
E o mundo rodopiando
À volta dos meus ombros.

Sou a solidão que fica depois do adeus
Sou a tristeza que sobra na sobra louca da verdade
Que se cansou de erguer a mão em nome de alguma coisa
de transcendente que se perdeu
Como o vento que foge pela renda das cortinas...

Calor
Frio
Mãos por dentro
Ossos e alma
Um sangue borbulhando
E uma vontade...
De gritar para a eternidade.

O intervalo da loucura

Lágrima destilada
Desce sobre a face
A parede nua e fria e gélida
Onde se refrescam as osgas no Verão

Gota de tom do teu peito
É a cor de não ter cor assim
Só em mim há um lamento
Que é do vento que sopra aqui

Desce, crepitar de saudades
Brasa funesta que transforma o agora
Em leves cinzas, breves sombras

Entre a vida, o intervalo da loucura
Subi o monte, procurei o norte
E o fantasma surpreendeu-me ali

Por mais leve que fosse… não voava
Por mais coragem em mim… não me tivesse
Perdi-me entre rotas sem paisagens
Que estavam mortas todas as rotas
Na minha viagem.

O sonho

Às vezes, tenho um sonho
Que de noite surge na minha almofada
Como se fosse trazido por uma brisa doce
Ou um beijo quente que me aconchega.

Ali acontece
Que de um instante ao outro, tudo muda e fico sonho
Entre a realidade de estar a dormir e a ilusão do sonho que me invade e me transforma
E há uma linha ténue onde tudo se mistura e cresce...
E eu sou turista breve entre um e outro mundo
No transcendente instante que se demora em mim.

De repente, sou todo sonho!
E o que era a cama é agora uma fresca erva verde que me cerca até ao arvoredo
E eu estou estendido nesse prado de encanto
Onde os sonhos são a forma das gaivotas e as copas das árvores a dançar ao som de uma melodia inconcebível...

Debaixo de um céu azul profundo
Sinto o vento a passar por mim e pelas minhas mãos quando as ergo em direcção ao Sol
Escuto a voz de um som que sopra por entre a folhagem e produz música...
Como um piano em que as teclas são as folhas e o pianista é o pensamento
E vejo... a exaltação plena de uma tranquilidade nova
Vejo a natureza... e sou feliz.

De um lado há vacas a pastar
E as suas manchas que são pingos de tinta, deixados cair por algum artista que conheci
Levam-me a subir a encosta até ao topo do monte.

Pelo caminho, conheço aves de cores vivas
E revejo pedras que me falam ao passar.
Uma cabra da montanha fita-me ao longe
E um texugo do bosque ri-se da minha dificuldade em caminhar.

Chego, finalmente, até um cipreste
E cumprimento-o ao chegar.
Do interior da casca, sinto um espírito pulsante
Que me responde sem falar.

Olho de relance...
Talvez tenha cem anos ou mais.
Falou-me do tempo e das coisas que vira
Disse-me que ali, há mil anos atrás, havia um vulcão
Uma boca cheia de vento, fogo e erupção
Onde a Terra se abria
Para extravasar a sua solidão.

À tua frente

Estás triste?
Enlaçada no lago sombrio da tua própria imaginação?
Às vezes também me vejo assim
Submerso num abismo soturno e decadente criado por mim
De antíteses e paradoxos
Em que imagens surreais de uma realidade impossível e combinada se sucedem à minha frente
Numa espiral cinematográfica
De lugares comuns
Mas tão únicos e isolados
Que são nossos, mas são meus.
São sempre nossos…

Desespero?
Também o sinto, visceral na quimera do empreendimento que seria
Se o arquitecto que me esboçou fosse doutorado em felicidade e fantasia.

E agora?
É esta a pergunta que fazes, sempre que sentes assim, essa levedura de melancolia a abraçar-te o paladar
E agora? O que fazer? O que mudar?
Como conduzir o silêncio
De maneira a construíres a melodia?
Acorda! Abre os olhos! Desperta!
É apenas isso que deves fazer…

Para mudares o rumo das palavras que continuas a escrever.

Por entre o sofrimento de saber e de pensar
Deves encontrar os sinais que te revelem quem és de verdade
Distante da tua visão
E do egocentrismo do teu diálogo endofásico
Embriagado de solidão

Acorda!
Tens à tua frente as galáxias aos biliões
Cometas, estrelas, planetas distantes
Poeira infinitesimal
O mundo num universo de múltiplos universos
O dentro do dentro que está em volta do que desconheces
E a janela aberta
Esse espaço de liberdade para o infinito
Por onde podes espreitar e contemplar o simples céu azul a acontecer
E as árvores, os pássaros, a chuva e o vento
O perfume das flores, da terra e da tua pele macia
E o sabor do teu beijo, na madrugada fria
E tu a passares por esse panorama belo e sublime e a presenciares o fenómeno irrepetível que é existires, aqui, agora e poderes estar consciente disso
Acorda! Abre os olhos, levanta-te e respira!
Atreve-te a viver!
Tens todo o mistério por conhecer
E um templo à espera de erguer-se no vazio
E quebrar, no topo do mundo
A aerodinâmica do vento...

Liberta-te e segue o rumo da intensidade.

Eu, ninguém

O vento ouve por mim
Aquilo que a noite fala
Aquilo que a noite diz

O vento estremece aqui
Quando a lágrima cai
E o futuro nunca está
Onde está o sentir

Leva-me...
Leva-me para lá das colinas de neve leve
Leva-me...
Leva-me para lá do nível alegre e breve da cintilância
E aí, talvez a fragrância, talvez o corpo, talvez o tempo...
Sejam outros...
E eu seja, aí, talvez, um outro Eu...
Um outro estar, um outro sentir, um outro amar, um outro correr...
E o vento na face, e a face no riso, tocando-me e agitando-me...
Antes de partir...
E Eu seja...
E Eu fosse...
Talvez, aí, o Eu, ninguém
Que dorme e desperta
No amanhã, agora.

Labirinto

Longe...
Quero estar longe.
Há tantas palavras que fogem dos meus dedos
E pensamentos que negam quem sou...

Longe, queria apenas estar longe.
Não de algo em particular
De uma pessoa ou de um lugar
Mas longe de mim..
Longe do pensamento...
Longe... de pensar..!

É que pensar faz doer
Quando a lembrança e pergunta
Se unem numa só resposta
Há tanta coisa que dói sentir..!

Dói, sentir a dor vaga
Da memória que respira aqui
Exaltam-se os braços
Esticam-se os cabelos no chão
Há lábios que se amarram
Na antecâmara da negação!
Quando a loucura já é em vão
Displicente a lanterna

Que percorre a noite vadia
Sou apenas a sombra de um sonho
Que ontem parecia ser verdade, magia

Perto...!
Estive sempre tão perto de todos os lugares...
Perto de um beijo...
Perto de uma estátua para a imortalidade...
Perto de um copo vazio... ou cheio... tanto faz...!

Perto...
Tão perto de estar longe...
Porque é assim...
Nos corredores de um labirinto
Não há trilho ou astrolábio que nos sirva
Para encontrar o caminho de regresso a casa...

Perto...
Quero estar perto.
Há tantos momentos que se reúnem entre os meus dedos
E imagens que concretizam quem sou...

Perto...
Queria apenas estar perto...
Perto dos lençóis onde adormeço...!
Perto, num sono tranquilo, de criança a sonhar...
Com a próxima tarde de brincadeira
Jogando às escondidas... um remate poderoso...

No ar, um avião de papel cruza a rota de uma andorinha...
E no imaginário infinitesimal de um horizonte colorido...
Há sempre esse pião a rolar...
Na arca suspensa do peito..
Com tendência para parar.

E ao mesmo tempo...
Há sempre o olhar brilhante... ausente e vibrante..
Reflectindo ao longe...
O perfil enganador das palavras que crescem aqui...
Perto do fim.

É que há sempre um fim.
Seja perto... ou longe... do labirinto.

Acorde, menina!

Vá, acorde menina!
Não quero ficar todo o caminho às escuras
Sem saber se o que imagino é possível ou não.
Quero que me fale de viva voz!

Vá, acorde menina!
As cortinas estão já corridas
E do Este nota-se uma nova luz bela
Revirando o olhar em todas as direcções.

Ande, dê-me a sua mão neste carrossel
Sem medos, que o medo atrasa o andamento
Destes cavalinhos em festa em cima destas ondas de
risadas tontas

Vá, venha comigo!
Que agora vamos saltar de cima desse penedo cheio de cor
E então ficarei a saber se é possível ou não
Encontrar a fonte do amor.

Que o amor
É o infinito que há na alegria...antes de terminar...!

O gira-discos

O gira-discos está quebrado!
Vês o disco a girar?
Parece um som psicadélico
Com um vazio no centro desequilibrado
Oscilando como o candelabro a deslizar
Pelo vento que sussurrando
Não sossega de chorar...

Estou...
À espera que a solidão dos nuncas
Amanheça à espera do futuro que fui
Nos sonhos dos que me amaram sem condição
Tempo ante tempo
Dedos abraçando mãos
No silêncio
No teu silêncio... de me escutares...assim...
De me escutares... ali...
Estes meus pensamentos...
Numa decifrável ilusão..

Estou... doente!
Dolente do meu pensar que morreu
A tentar compreender o infinito
Que há no caos das coisas finitas
Do universo que cada um traz... colossal...
Dentro da sua mão...
Ao pensar compliquei o simples
Ao amar cristalizei o pensar
E feri olhos no caminho
Sem saber onde... para onde olhar

Transformei a inocência em armadilha
E os passos suaves e esvoaçantes... em opressão...
Por me embrenhar nas silvas da vida...
Que ficam além, na estrada da confusão...

E enquanto me pensava livre
Não vi as correntes que me prendiam
Me agrilhoavam às celas de memórias escondidas
No baú dos dias em que todos estavam acordados comigo...
Lado a lado como num sonho de criança...
Uma festa em casa da minha avó...
E os amigos, os familiares, os primos, os tios, o meu avô...
Todos respirando e falando... tão bem.. pareciam vivos...

Hoje... a maquinaria está suspensa...
A agulha e o braço da canção já cessaram de movimentos
E o gira-discos... está mesmo partido... não há dúvidas...!

E na companhia dos discos riscados
Já só ficam os dedos amontoados
Com as contas feitas e os projectos abandonados
E as lágrimas fugidias...
Paralelas a meia dúzia de poesias..
Que jazem... no frio da sala...
Ali... na mesma mesa solitária
Onde se acumula o pó em fatias
E fogachos de imagens retratadas
Do tempo em que nunca eu pensara na vida
Do tempo... em que o tempo me não doía
Porque conhecer... era desafiante..
E a dor... uma ideia ausente...

Colega de quarto da utopia...
Escutando...
Num gira-discos inteiro...
Música inteira...
No tempo em que o sorriso...era inteiro...
E ninguém chorava por olhar as fotografias.

Sou um pássaro

Sabes,
Sou um pássaro.

Só hoje descobri
Por entre as arcadas do monumento alado em tua honra
Quando esticava os braços que eram asas à sombra
Olhei de relance para um espelho fixo
No outro lado da rua
E vi um corpo de pássaro...
Uma memória de pássaro...
Um levitar... de pássaro
Que não se escondia... nem calava.

Vi uma alma de pássaro...
Que não fugia nem se camuflava
No denso arvoredo que ainda haveria de existir
Junto ao lago sagrado do artista genuíno
Que compõe melodias feitas de si próprio
E se transforma... em breves instantes
Em instantes de si mesmo...
Nos pedaços da obra que inventa
Da escultura que molda
Do poema que escreve...

É ele a sua métrica... a sua regra... a sua forma... o seu sentido...
De sonhador...

De apaixonado...
De amante...
E crepita... luz! Crepita!
Cintila firmamento suave! Eu espero por ti... pela tua voz!
Espero... pelo teu sabor sumptuoso... febril... quente...
Pelo teu silvo ardente...
Essa melodia divinamente harmoniosa
Que estipula... todos os limites do céu...
Aqui...
Ali...
No infinito...
Por dentro do vácuo ermo e sorridente
Desse lampejo de liberdade que é voar...
Assim...
Com as asas... abanando...
Assim....
Porque, sabes?

Sabes... meu bom amigo..
Hoje descobri...
Sou um pássaro!

Amanhã absurdo

Amanhã
Talvez um beijo me alucine
Hoje fui tudo o que havia para ser

Amanhã
Talvez acorde noutro dia
Melancolia de uma metáfora de sonhos presente

Sou louco
Mas o louco morreu.
Fim!
O fim chegou amanhã.

Onde estou?

Na mesa o lápis perdido
E a borracha esconde-se perto da tua mão
E há um areal extenso
Onde adormeces tranquila
E um balão de ar quente
Que levita sobre o chão
De onde vês a tua vida toda
Compilada num instante!

E saboreias o doce amargo sabor
De rituais de encantamento e poesia
Que ali... frente à porta escancarada do vazio
Eu penetro... no intenso universo
Do inverno que acontece...

Um sofá antigo
As nuvens cinzentas
O ar húmido
Um lírio lilás
As flores que um dia colhi... para ti...
Fossilizadas nas lembranças do amanhã...
E...

E as profundas palavras
Colossais momentos
Indizíveis na sua nudez mais profunda...
Estilizadas numa tela a rubi
Grito surdo... explosão calada

É o verso de uma morte anunciada
Que crepita no ilusionismo
De afinal não estarmos aqui...

Onde estás?
Onde estou?
Serás tu... o semi-arco aberto de um arco-íris proibido?
Serás tu... o oceano mareante... navegante... o absinto incerto, invisível no segundo imediato posterior ao sonho?
Serás tu... aquela ferida, lancinante... que dói cada vez que choras?
Serei eu... o inexistente?
Onde estou? Onde estou?
Será que estou?
Será que eu sou alguma coisa?
Será que existo?

Hoje... estaria capaz
De olhando tudo aqui... e tudo ali...
Dizer que não me vejo... nem localizo
Como se num instante fosse miragem
A miragem de mim próprio em si
E no instante seguinte...
Nunca tivesse existido...

Talvez... nunca tenha realmente existido...
Talvez sim...
Talvez não...
Talvez... me pergunte simplesmente...
Num questionamento suave e puro...
Ondulante e divagante
Onde estou...?

Quarto secreto

Há qualquer pedregulho
À frente das minhas palavras
Algum sentido inapropriado para sentir
E correr
Algum buraco cheio de coisas inúteis para ver
Algum instante repleto de coisa nenhuma para conhecer.

Há aqui um espaço à espera de ocupação
Um quarto secreto à espera de hóspede.

Hoje

Hoje,
Hoje falei por gestos
O que as palavras não disseram
Instantes suaves
Entre o movimento das asas.

Hoje,
Por minutos esqueci o passado
E enfeitei-me de sorriso e alegria
Com o deslumbre de ti
Ali, frente ao céu.

Agora, parece que foi um olhar apenas
Que me enfeitiçou desde o tutano até ao exterior de mim
Sou eu que crepitando
Dou em tudo... o que sou aqui.

Vale do nada

Sigo
Uma rota de labareda
Um colibri de todas as cores

Pousa à minha frente, na janela.
Eu olho para ele...
Ele olha para mim...
Tantas coisas dizemos naquele segundo de cumplicidade perfeita
E reinventamos o amor.

Desenhado de fantasia
Reinventámos a medida com que se contam os segundos
Recriámos a fórmula etérea da energia
Destituídos e nus... já sem tempo...
Fomos vento e sol...
Naquele momento.

Como pode um segundo ser tão vasto? Ser tão intenso?
Como pode um verso ser tão... ser tão distante?
E a pergunta ser tão... ser tão pergunta...!?

E quando fecho os olhos
No escuro das pálpebras
Quebro os cadeados que mantêm... as almas fechadas... e os olhos fechados... e os sonhos encarcerados... na cegueira de não ser nada.

Serei o único a pensar sobre a forma de me questionar no mundo?
Serei tão inútil assim... que pensar... é a última coisa que me resta fazer?
Mas... encantam-me... os voos esplêndidos dos vizinhos pássaros
O brotar colorido dos botões das flores, das suas pétalas iluminando
Iluminando... a verde clorofila das ramagens das plantas... e a relva... e as árvores...
E um fundo azul celeste... por detrás...
E em baixo... lá em baixo...
Num vale glaciar...
Corre um rio de águas transparentes.

Lá... não há mentira...
Lá... não há tristeza, nem reflexão profunda, nem pensamentos, nem memórias...
Nem lucidez, nem loucura.

Lá... só há essa simplicidade bela...
De não haver nada...
De só haver... nada!

E esse nada desabrocha e viaja
Pelo nó interno e imenso dos teus dedos
Provando a corrente que passa...
Nesse vale... do nada.

O lugar dos medos

Hoje mudei os medos de lugar
Deixei-os onde não se pode voltar
Bem longe daqui.

Hoje tentei saltar mais uma vez
Tentei subir o monte dos porquês
À procura da razão.

Hoje, não vou voltar aqui!
Tudo o que deixei e perdi
Foi fechado e lacrado bem longe de mim...

Hoje, também tu lá ficaste
Trancada numa folha
Um poema antigo
À espera do fim.

Libertação

Por tantas vezes me penso
Interrogando-me sem cessar
Serei poente do desejo
Ou a voz que nunca escuto, mas quero escutar?

Por tanto me desejo
Como espectro do desejo de ser outro além de mim
E nesse tanto há um pouco de tudo
Que é o tanto do nada que se sucede ao fim!

O que aconteceria em mim
Se fosse esse outro que não sou?
Que se fosse, talvez o delírio findasse
A águia partisse
O templo se fechasse
E o fumo me envolvesse….

Mas, que não sendo, esse outro que nunca fui
O peito arde ainda assim
Como fogueira da inquisição…

Sou a morte pendendo sob as telhas do labirinto
Onde minto… minto e nego a razão…

Minto… ludibrio…
Que sou feliz na solidão
Mas não…! Não!

Quem dera que de mim explodissem
Mil sonhos feitos criança
E bolas de brincar e barcos de navegar
E tudo eu fosse apenas essa criança
Menino no meio da viagem mais longa entre o ir e o vir de um baloiço de sonho.

Quem me dera ser esse outro que não eu.
Quem me dera ser esse menino que corre feliz atrás de um papagaio de papel
E que ainda acredita na liberdade
Dessa forma mágica e singular como só uma criança pode acreditar...!
Conhecer é deixar de acreditar.

Oh! Meu Deus! Meu Deus! Meu Deus!
Quero ser criança outra vez!
Abandonar o saber à primeira onda do mar
Quero saber ser feliz sem saber...
Sim...!
Quero ser feliz
Sem pensar na felicidade.

Inevitável

Noite
Acordas comigo?
Aconteça o que acontecer...?

Já deixei as estrelas que olhei
E o estômago vazio
No tempo de um suspiro.

Então parti para lá do monte
Escondi os medos dentro de um pote de cerâmica
E afastei-me da ideia de que o tempo me irá apanhar
Aconteça o que acontecer...

É impossível manter em mim a imortalidade
E esta juventude já não depende da atitude
É apenas uma casca bonita para um estar que irá cair
É inevitável...
Aconteça o que acontecer...

Serena no jardim

Penso, às vezes
No que ficou para trás
Versos feitos em cima de pedras
Pedras desgastadas entre a solidão
E um templo de utopia
Ao longe, a caminho da montanha!

Como desejei ter ali
A saudade da mão de alguém
E o abraço quente
Na brisa fria
De um monte
De ventania.

E ali, no cimo da rocha breve
Vi na névoa lisa, mar de ontens
Muro que separa o terreno do etéreo
Que toda a minha desorientação
Poesia, música e indecisão
É o resultado da vã procura
Que procurando tudo em redor
Sem saber, sempre te procura...
A ti
Que dormes, serena
No jardim.

Nulo de sentido

Martelada ausente
Atrás de martelada ausente
Sou maré de vastidão
Em que o grito não diz nada
Queria apenas ter sentido no sentido
Sem sentir a dor amargurada
Que o medo faz crescer em mim.

A substância pura e doce em que o mel se transmuta
Sobre os dedos da madrugada
Sou âncora desamparada à deriva pelas ondas na enseada
E tento subir a proa
De um navio que já afundou.

Querubim... é saudade
Emergente que a loucura é de mim
O rumo do impossível que acontece
Sempre que o beijo se desvanece
Entre a saliva mais molhada
Que a nova boca tem para dar.

Sou o nulo de sentido
Que o sentido pode dar!

O Interior oculto

Na paragem do metro
Tudo observo em meu redor
Tentando inventar teoremas
Que por palavras simples ou nenhumas
Me expliquem de voz
O que és tu nesse vulto
O que acontece aí
Interior oculto.

O outro é sempre ferro
É sempre sonhos e pesadelos
Noites, dias, momentos
Que não supomos nem em sonhos
Que o viver e o sentir é sempre do próprio.

Na realidade... não há sentir alheio
Somos sempre egoístas
Até no acto de julgar que sentimos o outro
Tal é impossível!

Temos barreiras intemporais
Que nos separam de tudo
Temos margens de rios sem pontes
Onde os dedos permanecem frios
E mesmo unidos
E mesmo, abraçados
Nunca estamos juntos
Somos mundos inacabados
Interiores ocultos.

Deambular onírico

Deambulando pelo oceano
Procuro por um tesouro!

Escondido dentro do bolso
Há um continente novo
Repleto de árvores sem forma e estrelas sem brilho
De olhos tapados e sem respirar
O meu peito é uma onda que bate nas rochas...
Sou de pó sideral
Acabado de destruir!

Acordei de imagens que me embalavam
Num estranho fundo cinematográfico
Ainda com os olhos fechados
Chamei por algo que o invisível pode ver.

Aqui
Nada
Adormeço outra vez
Julgo que nunca acordei realmente
Já nasci cansado!

Notícia

Que olhar esse
De têmpera e fogo vivo
Qual aguarela de mil cores
Rio de descoberta
Entre a foz e a cascata

Mãos que parecem andorinhas
Esvoaçando sobre a paisagem verdejante
Anunciando o futuro que amanhece
Melhor... que o ontem...

Quem és?
Quem és tu de novo?
Aqui...
Notícia...!

Precipício líquido

A orquestra irrompe de sonoridade
E os silêncios mantidos ao longo das noites
São quebrados num breve momento.

Naquela encosta que levava ao castelo frio
Ressoava sempre o sino da igreja branca
Que melancolicamente transportava as lágrimas de lugar
E os tempos eram de precipício
Entre o reflexo aquático da esperança
E um galho de fome que morria nas brasas quase apagadas
de uma fogueira...!

Rebelião

Hoje, é tempo
De erguer a voz
Agora, mais uma vez
Gritar o descontentamento

Hoje, é tempo
De relatar a podridão escondida
Agora, mais uma vez
Dizer: rebelião!

Hoje... é tempo de dizer não
De sairmos da sombra
Revelando-nos nas ruas
Que são os vasos sanguíneos da nação

Amanhã, será tarde demais
E a voz será entalhada
Numa pedra de amolar.

Acorda!
Entrega-te ao último instante do resgate da tua alma
E combate na avenida da quimera!

Ainda tens uma gota de esperança
E a flor de outrora, enleada nos cabelos da memória
Solta-te desse agrilhoar permanente

E procura agora
Entre as cortinas da janela aberta
E o futuro em aberto
A tua pedra filosofal.

Piano

Puxo o banco
A noite cai
Sei que o teu peito treme quando me sento aqui

Talvez seja da eternidade
Ou talvez do vento que me invade
Quando abro a tampa do piano
Sinto o cheiro da madeira antiga
Pressinto o vibrar de cada corda...
É como se me sentisse a mim... naquele momento...
Um eterno ser completo...
Que se enche... do infinito incerto...

Sabes...
Quando me sento ao piano
Há um universo inteiro que não sei explicar
Vozes que ecoam num eco sem fim
E gestos que acontecem
Na espontaneidade da magia
Que dedo após dedo...
Tecla após tecla...
Me alucina...

Metamorfose

Ontem
Olhava o relógio
E via nos ponteiros uma intenção diferente
Uma força de rebeldia
Que puxava pelas cordas do engenho
E expressava em palavras surdas
Os instantes cessantes
Na maré do cais

Ontem
Não acertava o relógio
Todo o tempo tinha o seu tempo certo
E não havia instantes esquecidos
Lúgubres momentos ecoantes no pensamento
Como obcessivos dilemas morais
Flutuando em lagos de lamúrias...
Na superfície da água...

Hoje
Relógios sem energia
Acerto e reacerto constantemente os momentos que passam
Espero revê-los, passados no amanhã
Decerto a fantasia irá chamar por mim
Ao amanhecer

Decerto, também a noite será como uma ruína de um castelo de uma história de príncipes e princesas

Decerto... a rua toda perca o sentido de caminho
Porque... decerto... o destino já se desfigurou
Em algum areal de uma praia qualquer
Num qualquer dia de húmido nevoeiro
Em qualquer espelho derretido... uma saudade diluída nas lágrimas alheias de uma doutrina espectral ineluctável
Em que tu... escutas... calada...
O som do silêncio...

Mas...
Tic... tac... tic... tac... tic... tac....
O relógio afinal continua a tiquetaquear... e o tempo não parou...!
Ainda há esperança para que o fim não seja hoje... agora... já...
Ainda há talvez uma fórmula nova à espera de ser descoberta...
Ainda há...
Ainda há...
Frieza...
Calor...
Ainda há... também... madrugada... e sol e dia... e noite e sal nos pratos feitos de liberdade prisioneira de vãos espaços... unidos na ausência...
E há... solidão a espantar a alma... e tristeza a fechar os olhos e a estigmatizar as mentes...
E medos... há medos que fazem surdos os ouvidos e cegos os olhos... e gestos que mudam tudo.... no momento certo...

Ainda há... saudade...
Ainda há... amor... também...
Esperança... afecto... ternura... feridas abertas...
Facas afiadas e revolveres feitos de letras e palavras... em

que as balas são lançadas nas madrugadas em que os sonhos não condizem connosco...

E há loucura....
Ainda há... lucidez...
Lucidez... em cada vez que vejo a minha loucura... a minha febre... o meu... instante...
E batem... bombas...
Espelhos de vidros impossíveis... estalam...
Rotas cruzam-se...
Testemunhas rendem-se à evidência de não terem testemunhado nada...
E mentiras penetram fundo nos lençóis plasmáticos da alma destruída...
E ainda... há... imensidão...
E a cor do asfalto não é mais da mesma cor e os trajectos são feitos de mármore e o chá está aqui... a arrefecer... e a garganta não me deixa falar...
Estou numa noite em que não sou eu...
- Então... meu velho amigo? Como estás?
- Cá estou...! Sou o mesmo nos mesmos tecidos e nas mesmas vitrines de abstração.
E afinal... depois de nesta noite...
Ter havido tanta noite tão cheia de noite...
Cesso-me aqui...
E adormeço concentrando atenções no ritmo do passar dos segundos...
Fecho os olhos exaustos e saio...
Afinal...
Ainda há um ser humano aqui.

A hora da montanha

Na minha aldeia
Havia estradas de terra batida
Serpenteantes por entre a relva macia
Onde rebolava tantas vezes, na minha infância

Lembro-me de ouvir
O sopro do vento
Que me empurrava e sacudia
Enquanto entusiasmado descia
A vereda cintilante
Da montanha da alegria

E todos os dias
Quando era tempo de jeitos de brincadeira
As vozes dos meus amigos lá mostravam o caminho
E os gritos de euforia e animação
Faziam da tristeza uma estranha
Porque ali, na minha aldeia,
Todo o tempo era da terra
Toda a hora era da montanha.

Ironia

Deleito-me a pensar
Nas palavras escritas que crescem
Como se nelas existisse uma fonte
Onde o sublime e o impossível amanhecem

Um traço na folha
Uma folha sem traço
É um dilema perpétuo
Saber se o poema é um beijo... ou um abraço..

O trilho por decidir
E o vazio por preencher
Velas no rebordo da vida
E um grito no decano da solidão
Presidindo à assembleia remota
Onde os Deuses discutem as estratégias
Para o extermínio da emoção!

Nas horas silenciosas
Ocultas o medo
As mãos tremem-te e os punhos vacilam
E do outro lado da cortina encontramos o nevoeiro
Que a formalidade do mundo nos contamina...!

Ao longo dos dias
As noites vão mudando as vidas
E os breves longos instantes de eufemismo
São apenas sanguíneas temperanças

Loucuras ténues, devassas, que a madrugada te sussurrou...

Ao fim de um ano...
Acordas sonâmbulo
E o dia não tem mais dia
Que a noite é feita de lume apagado
Censurado pela ventania

É que a noite não é mais noite...
E a vida não é mais vida...
És tu e só tu... dentro de uma lagoa vazia
Onde as algas te cegaram o sorriso...
E te embriagaram de ilusão...

É que...
Quando abrires os olhos entenderás
O que as máquinas do mundo te fizeram
Mercantilizaram-te o coração
Montaram as suas estruturas frias de aço, ferro e pedra
E num mercado ao ar livre, feira popular da escuridão
Os Homens resignaram-se a mentir
Em vez de olhar e ouvir
O ritmo de cada sensação...

E sem saberes...
Adormeceste pensando que sabes tudo
Porque, alienado...
Permaneces cego, surdo e mudo...

A vida passou... os Homens morreram...
E nem as lágrimas nos registaram a saudade...!

Nada fica depois da partida...
Nem palácios, nem contas ricas.. nem os diamantes à volta do pescoço...
Nem a carne morna... luzidia... onde dançam os diamantes...
Nem anéis... nem os ossos...
Tudo se esvai...
Como poeira num vendaval...
E anda um mundo inteiro subjugado a impérios imensos
Que mais não são do que castelos de areia
Que sucumbirão
Ao subir da maré...!

Por ironia...
O Homem... tão obcecado pelo realismo... pelos factos... e provas...
É presa de si próprio...
Neste horizonte em que realidade é feita de incongruentes falsidades
Salpicada aqui e ali...
Com nano-verdades...
É esse o fado
Adormecer, antes de despertar...
Deleitamo-nos a pensar...
Nestas palavras escritas que se disseram
Como se nelas existisse uma fonte
Onde o sublime e o impossível aconteceram...

.. para sempre...
nunca...

.. no extenuante excesso...
.. desta ironia...!

Porquê?

Porquê?

Porque é que todos correm unidos
De semblante febril, feliz, concreto
E eu não?

Porque é que todos suam e choram alegres
Fazem de conta que o poema não existe
E eu não?

Porque é que todos combinam, trocam, cortam, ferem,
Enganam ao longo do desafio
E eu não?

Porque é que, tão sorridentes, fingidos dão as mãos
Num dia, como se fosse festa eterna
E eu não?

Porque é que acordam sem solidão nem melancolia,
Espertos, não hesitam na acção,
E eu não?

Com mãos escondidas, branqueiam a traição
São o centro de todos os outros
São eles, mas eu não

E ao fim da tarde, de tão cheia a sua casa
Família, amigos, cumprem destinos
E eu não...
Porquê?

Porque é que todos vêem o abraço na esquina da noite
Encontram as tabuletas no caminho, a indicar a direcção
E eu não?

Porquê?

Mas quando o momento chegar
Estarei aqui, na utopia do sentir,
Eu serei imortal
Eles não.

Metáforas

Fechada a porta ao amanhã...
Clausura de inocência
Liberto a asa que no levante se ergue alta
E o espelho onde se olha o cego
Reflecte as belas cores que ele nunca verá.

Explosão de silêncio...
Acontecido o murmúrio de um beijo.
Aqui, além, agora, já, os demónios gritam!

Gritam...
Pelo desejo desse beijo que não foi
Fantasmas que esvoaçam à altura dos sonhos
Desses sonhos tão perfeitos, tão singelos, tão redondos...
Sonhos daqueles de quem nunca sonhou...!

Espera-se... o encanto...
Espera-se... a demora da espera...
O antes de algo... que depois vai embora...!

E enquanto tanto tempo...
O poeta deita-se nos enquantos demorados da vida
Olha a porta aberta
Inventa uma janela para a maresia
Sente o fulgor a cessar, o vento a soprar,
É tempo de soltar amarras, abrir velas e zarpar.

É que,
O Marinheiro ao leme decifra a ilusão do espanto...!
Quanto mais próximo o poeta se navega, pensa ou revela
Mais distante fica a nitidez do seu olhar.

Quando se afigura à sua frente a perfeição da musa
Algum vento lhe sacode a alma
Lhe afasta a chama
E dá fim ao rubro aveludado querer sentir
Que uma nudez explosiva
Subtraiu de si...!

É então que emerge na penumbra a metáfora
Essa coisa vã, sem sentido algum
Que no seu ventre leva sempre todos os sentidos possíveis
Que o algo pode ter.

Quando o barco encontrou o farol na tempestade
Era tarde demais para atracar
O porto estava cheio, a ondulação demasiado forte
E não havia mais lugar para um barco aventureiro
Poder ficar.

Sem espaço, nem porto de abrigo
A epopeia teve de continuar no mar alto.
Que o beijo... é tão longe...
E a saudade... queima tanto...
E a esperança... de incoerência imensurável...
É insuflável de ausência...
Por um vento de eloquência que já não há.

Nunca há espaço
Para esse sentir diferente
Nunca há tempo
Para o tempo preciso desse espaço
E a noite é sempre metáfora
De uma dolência que permanece
Aqui...

Aqui onde estou.
Junto com as palavras.
Solto... já sem palavras
Só metáforas...
Só metáforas...

Só metáforas vertem de mim.
Deslizam sobre a noite
Os dedos que não se esquecem
Que ontem ainda acreditavam
No silêncio que há
Escondido dentro das palavras mais sonoras
Que são o grito dado, na avenida, para chamar alguém
O bocejo abandonado
De quem espera por algo de novo
Sabendo que não virá ninguém
Mas deslizam sobre o tempo
As memórias aos solavancos
Como num comboio a vapor
Com um fumo feito de impossível
Como este instante...

No chão

Diluí o verso eloquente da ternura
E nas mãos ficaram as gotas de tinta
As gotas de água, as lágrimas que sobraram
Do saco de lágrimas que chorei
E me choraram...

Dissipei as nuvens tempestuosas em surdina
E as árvores agitaram densos ramos na neblina
E nos dedos, e nas unhas, e no corpo todo...
Adormeceram as fagulhas de um fogo ardente que cessou
Além do sonho...

Às vezes num instante de reflexão
Pergunto-me, indago as minhas dúvidas ao infinito
Será que somos nós que choramos
Que carpimos dolentemente a dor sentida em vão
Ou seremos somente, apenas nós
As lágrimas choradas... que jazem como lagos... no chão...?

Estás aí?

Estás aí?
Quase toquei a tua mão outra vez...
Noctívaga e colorida...

Durante toda a noite
Estiveste ali, à minha frente
Inteira e sorridente
Como em tantos instantes
De paisagens que já foram...

Foi um sonho, eu sei!
Foi uma imagem de ti
Transportada para o meu mundo interior...
Espectro do desejo
Voz rompendo o silêncio
Do tempo que passou
Em que negando
Disse o contrário do que estava a sentir..

Mas a verdade...
A verdade...
É que durante todo esse tempo
Estiveste sempre em algum lugar de mim
Onde te guardei, preciosa e viva, em segredo
Como uma história plena de energia
E o sentir... aquele... mágico e sublime... que só tu conhecias
Esse, esteve sempre aqui...
Fui eu que, para sobreviver, fugi.

Fugi de mim mesmo
Quando não encontrei outro lugar para estar
Fugi e neguei-me assim
À musa bela e delirante
Numa confusa forma de lutar...

Metáfora atrás de metáfora
Deambulei e perdi
A agridoce ternura
Que bebia
Só por te saber aí.

Embriagado da saudade do teu sorriso
Recordo a tua pele macia e clara
E os fios castanhos, escuros, sublimes de leveza
Enleados nas gotas da liberdade
Que sempre foram o fogo
De uma esperança que acalentava em mim.

Nesta saudade me reinvento
E com sono, ondulante e lento,
Adormeço, pensativo,
Ao relento!

Desejo somente
Que sejas tu, o vento
Que quero abraçar um dia.
Um dia...

Constatação de mim

Tenho sono e durmo
Que mais há para fazer numa noite assim?
Ou ficar acordado a entreter os dedos
Ou copiosamente desmoronar-me em degredo
Na constatação de mim

Tenho sono e caio
Neste colchão tão macio e suave e amigo
Que na vida há poucos colchões assim
Tão confidentes
Tão correctos
Já não há pessoas assim

Tenho medo e fujo
O sono é o meu abrigo
Aqui faço de conta que morro
E com o Sol acordo renascido

Mas, ao anoitecer volta a dor a doer
E o peito queima, a água corre, o suor desce
E a solidão que fazia tudo para não ver
É de novo viva, aparece!
Assim,
Tenho sono e sonho
Que em mim se reformule um universo

Em que os paradigmas impludam e se invertam.
Talvez amanhã um outro Eu possa acontecer
Sem pensar tanto, nem destruir tanto
O mundo simples de apenas sentir

Que tudo o que quero
É ser como as árvores do bosque são
Árvores de verdade, com folhas de verdade e vida de verdade
Sem dinheiro para gastar, nem horas para cumprir, nem tempo para pensar
Nem pernas para fugir

Ser apenas o puro sublime instante
Em que o ser é sem adjectivos nem poesias
Quero acordar livre do próprio Eu
Que o Eu seja livre de tantos mins

Tenho sono e durmo
Que mais há para fazer numa noite assim?
Ou ficar acordado a fingir que estou aqui
Ou copiosamente desmoronar-me em degredo
Na constatação de mim.

O copo

Um copo vazio em cima da mesa
Esteve cheio
Ontem ao deitar

Nesse copo havia espelhos
Havia sonhos dentro do brilho
E um tempo salgado
Onde flutuava a esperança...

Em cima da toalha
Deitado sobre a sua brancura
Enche-se de sombras esse espaço agreste da memória
E o copo deita por fora
E o passado flutua...

As eternas questões precipitam-se...
Onde estás tu, menina que amo desde criança?
Onde estás?
Onde estou?
Porque nunca tive a coragem de te explicar o sentir...?
Porque perdi?
Porque perdeu o copo a água em que navegavam gestos?
E os dedos quentes, sólidos de saudade
Murmurando a noite vazia
Uma lareira crepitando
O tempo dilacerado
De um ser menos que o fim...

Oh... rosto de menino
Aos sete anos adormecido no sofá
A sonhar com aquele olhar verde azulado
Cor de mar em rebeldia
E soluçava quando percebia
Na sua inconsciência consciente
Que o sonho era impossível
E no horizonte do universo
Ele estava longe de tudo...

Na melodia de um sonho
Abriam-se ideias mágicas
Heróis, homens-pássaros e espadas encantadas
Histórias e bruxas e fantasmas
E o fogo agitado
No braseiro cinzento...

Uma caneta
Folha de papel
Num canto dois quadrados
Sim ou não
E a pergunta ingénua mas sincera
- Queres namorar comigo?
Uma flor daquelas do jardim
Amarela, que não havia outras
E a cruz no não
E a lágrima caída
E nunca ninguém entendeu
A força daquele momento
E o seu impacto no tempo...
E a força oculta daquele silêncio..

Ontem...
O copo estava cheio
Hoje está vazio e nulo, aqui
Não há água, nem verso, nem prosa, nem alma a vibrar
Há uma metáfora esquecida em que o tempo se entreteu a brincar
Há um olhar para sempre
Tentando ocultar a dor de ser nada.
E o copo ficará para sempre assim: vazio!
Porque o tempo que havia para acontecer passou
E agora é tarde demais.

Porta número 53

Quando anoitece
Aqui estou eu
Uma vez mais sentado à porta
Número 53.

Sou eu ou tu,
Ou ninguém, talvez.
Sou o verso alado da esperança
Em que crê quem já não espera nada...

Assim, aqui...
Deleito-me a saborear
Aromas e paladares
De experiências feitas sem guia
E tu...
Trazes a comida...

Deslumbrante a pele
Divagante no sentir que mostras
Qual caravela flutuante
Em dossel de armadura bela

Acordo a pensar nesta certeza
Que o desenleio das minhas incertezas
Me leva até ti, doce desconhecida...

Tens voz doce e branca e sublime...
Como as lagoas de natureza viva à tua volta
Acariciadas por árvores que lhes definem fronteiras
E as protegem da sorte
Ou do azar...

Se eu pudesse...
Oh... se eu pudesse...!
Se fosse capaz de dizer-te quem sou
De falar-te do que vejo
Do que sinto
Do que quero....
Do que penso aqui...
Sob o firmamento...!

Se eu pudesse...
Mostrar-te a minha cor
E beijar-te com fulgor
Esses lábios de carne suculenta... pele clara.... em moldura negra...
Perfumados com aroma de amora e mel
Sob a sombra de um Alecrim florido...
Que desabrocha nesse canteiro adormecido
Frente à porta número 53...

Vislumbre

Disseste-me, há décadas atrás
Que a folha vazia sob a mesa
Era o teu pesadelo
E eu ri-me… pensando-te louco…

Dizias, nesse tempo
Que a liberdade que procuravas, fervorosamente livre, excelsa e simples
Era talvez, a epifania suprema…
Com que sonhavas poderes ser mais do que tu mesmo…
Alcançando o protótipo quimérico de um amor reinventado
Ou de algo que, naquele momento, não entendi muito bem….

Lembro-me de te ouvir falar sobre o silêncio
E sobre a dor indefinível que te inundava o sangue
E sobre o assobio agudo ao ouvido pronunciando-te palavras indizíveis de desilusão…
Por descobrires mais tarde
Que o castelo que construías
Tinha fundações frágeis feitas de ilusão e utopia…

Ouvi-te, atento, falares com nostalgia
Dos sonhos que tinhas por cumprir
De todos os livros que tinhas para escrever
E das palavras, todas elas, cheias e repletas, essas palavras que te nasciam nos dedos

Como água nas fontes...
E que te deixavam num estado de euforia breve...
Nesse espasmo de notícia
Que afinal nunca aconteceu...!

E dos mundos que construíste dentro da imaginação
Mundos inteiros, complexos de devaneios
Esboços solenes dos paradigmas da tua incompreensão
E eu, ignorante, julguei-te taciturno e rabugento,
Enquanto falavas da tristeza que sentias
Ao veres as folhas dos plátanos ao vento...

Hoje, aqui, está todo um universo de ideias à minha espera
E eu, vazio, sustendo a respiração... fico calado e inquieto...
No limiar da loucura que ontem te pertenceu....
E em frente à folha em branco
Conto as horas a passar
E fito como um cobarde
De longe, a solidão que me agita...!

Como um espasmo ansioso e incompreensível
Abraço a noite no negativo de uma fotografia
O tempo, sempre o tempo...
Devorando sonhos, projectos e encurtando a fé
Que ainda sobra no encalço da vida
E há sempre um amanhã...
Há sempre a esperança... de um amanhã...
E há o desejo dos abraços quentes, a fome dos doces de fantasia,
A sede de um sorriso confidente no final de um dia
E a sublimação de algo que não sei...
Mas não... já não há a utopia
Nem há a cor indelével da tua boca na minha

Nem o salto no abismo
Nem o medo do salto
Nem a ignorância de não entender aquilo de que te falo...
Porque, há décadas atrás
Era eu que te contava
Sobre o sobressalto que me atirava
Para o nulo de ser nada...
Ontem, louco, eu disse-te
Que a folha vazia sob a mesa
Era o meu pesadelo
Mas tu já sabias... do vislumbre...
Tu eras eu.

O que sou?

O que sou eu? O que penso eu do mundo?
Sou uma noite a mais no jardim do paraíso?
Serei mais uma pedra encravada na velha engrenagem do tempo?
Ou um sustenido de silêncio
Com uma descida de meio-tom
Na escala de uma harmonia inaudita
Dentro da esfinge de areia
Nesse deserto quente
Onde a noite cai... e cai...
E cai... a noite... sempre...

O que serei eu?
Talvez sem respostas, só possa ser as perguntas que faço...

Que coisa sou eu?
Que algo é este que acontece aqui, dentro das fronteiras deste espaço?
Porque me chamam um nome?
Com que exactidão esse nome poderá ser ainda mais do que eu próprio?
De que nacionalidade será a minha solidão
Se as causas são estrangeiras à minha razão...

Caminhos

Andei por aí
Pelos passeios cinzentos
Caminhei, com traços de vento
À deriva
Com o perigo a roçar os dentes
E os ouvidos zumbindo
Como se mil enxames me acompanhassem
E eu não entendia...!

Divaguei
As roupas que usava eram trapos pesados
E pedaços caíam enquanto andava
Trapos... pesados...
Densos... rasgados...
Eu andava e caíam

Peças... partes de mim que desapareciam
Eclipse de silêncios
Como se todo eu fosse uma estátua de cinza
Ou um pedaço de areal que se desfaz
Com a chegada da maré...
Atravessado pelos raios da manhã luminosa...

Em todas as paisagens
Abracei o nascer do Sol
Glorifiquei a saudade que já tinha da saudade que tive
Pensei...
E ao pensar... chorei
Sem entender...

Voltando-me para todas as direcções
Bússola de olhares que transcende o espaço da geografia
terrena
Soltei palavras que acompanharam o homem sozinho
E as notas musicais que nasciam do meu piano interior
Mudaram rostos, sorrisos que diziam sons
Sons que se pareciam com risos
Fragmentos de um amor feito ao luar
Grifos esvoaçando em busca da carne fresca
E os pombos que dormiam em cima de pipocas
No calor das grelhas de ventilação do esgoto
E ali, um pouco mais à frente
Poetas que abriam folhas
Livros em cima de lagos cheios de cardumes de sonhos
Visões gelatinosas de metais feitos de solidão
E um cocktail de liberdade
Explosivo para quem beber
E o aviso... Esse aviso de advertência
Cuidado! Pode ferir até morrer...!
E eu não entendia...

Entre esquinas e arcos em ruínas
Dentro das paredes do castelo
Ouvi uma melodia e segui o som
Pé ante pé
Instante a instante segui o rasto ainda quente
E uma questão subliminar sempre presente
Quem era eu?

De repente,
Estrondo, maquinaria pesada que trabalha a produzir
feitiços em segunda mão sem manual de instruções

Pessoas que tinham nomes de verbos
E verbos que não passavam agora de nomes imóveis nas placas enferrujadas das ruas onde circulavam pedaços de papel... rasgados...
Linhas de algodão doce ligavam os cabelos de mulheres que desciam suspensas no ar, em guarda-chuvas voltados ao contrário, seminuas, semivestidas, com patins nos sapatos e lágrimas a escorrer pelo peito...

Nada fazia sentido...
E cortinas bailavam em janelas imaginárias
Prédios com fachadas invisíveis
Escadas feitas com palavras
Torres suspensas
Relógios que eram espelhos
E pessoas que no lugar do coração tinham pianos de cauda, abertos, prontos a sentir a imensidão...
E duas nuvens no sítio dos olhos
E era aquilo tudo assim... sem mais nada...
E pronto...
Só via a solidão em mim...

Nesses caminhos
Percorri ruas
Tracei sentidos inversos
Subi e desci escadas
Que terminavam em colinas de onde se via até onde o sonho de cada um alcança!
Pisei pedras que fugiam dos meus pés
Encontrei cães com gravatas e fato
E vi crianças que ladravam na esquina
Correndo contentes atrás do gato

Conheci o odor da gota da chuva
E o sabor de Deus num pequeno pedaço de chocolate que vi caído num caixote do lixo
Quem sabe, ainda metade, pra comer ainda deu ...
Que estava mais limpo o chocolate
O sujo era eu
Mas eu ainda não sabia...

Percorri candeeiros
Com luzes que piscavam ao ritmo dos meus passos
Por vezes, desejei que a vida fosse como um filme
Com uma banda sonora permanente
Inspirando-nos a agir
Abraçando-nos quando é chegado o instante da dor
Ou de nos acalmar perante o nervosismo
Como uma mãe que nos conforta
Crianças... nós... que fomos
Além da curva... onde passámos...

Atravessei pontes que ligavam almas distantes
Derrubei muros que isolavam outros como eu
Entre planaltos nus e planícies secas
Montanhas nevadas e areais quentes
Procurei tudo o que desejei..

Lambi o orvalho que caía da folha da monção
E corri pelo bosque na noite escura
A fugir de mim...
Sem saber ao certo para quê

Em algum lugar oculto
Decidi aprender a voar com alguém que conheci

Com um pano velho, um canavial perto e muita imaginação
Fiz umas asas daquelas que duram mais tempo
Daquelas asas que nos levam onde queremos
Vencendo o tempo, escapando-lhe, iludindo-o...
E pensar que bastou apenas um gesto certo e tão simples da palma da mão
Para ir longe... tão longe... como nunca tinha ido...
No horizonte...
Em direcção ao Sol....

A seguir...
Fechei os olhos...
Caí num empedrado macio
Rabiscado com palavras cheias de negro
Era talvez a elegia
De um ser ainda vivo
Que não se entendia.

Seria esse o desígnio que me tinha trazido ali?
Descobrir o caminho certo para me afastar de mim?

Andei
Sim, eu caminhei à deriva por aí
Por passeios cheios de gente como eu
Como tu...

Falei com desconhecidos
Que nunca me entenderam
E às vezes, estrangeiro de mim mesmo
Ficava a olhar constrangido para uma foto de criança
E não me reconheci...

Foi aí que gritei!
Gritei com o grito dos que perderam
E agitei-me desesperado, longe de casa...
Percebi que o fim estava próximo...

Pensei
Quando toda esta viagem terminar
Com traços de vento entre dentes a morder o perigo
E os ouvidos fascinados com a orquestra do mundo
Como se mil músicos me acompanhassem
Só quero sentir de novo os cheiros familiares que conheço...

Só quero sentir o abraço do meu espaço
E contar-te tudo aquilo que vi e falar-te sobre o que aprendi
Porque só longe de casa é que entendi
Que a felicidade plena não dependia de mim
Precisa de ser partilhada...
Para existir e acontecer no seu esplendor...

Seria esse o desígnio que me tinha trazido ali?
Descobrir os caminhos certos para me aproximar de mim.

Talvez o último segundo

Este é talvez o último segundo
De respirar este verso nu
Sem forma, sem cor, sem triunfo
É talvez o último tempo do mundo...

E todos, na multiplicidade de mim...
Manifestam-se em endofasia constante
Batem palmas, assobiam, gritam, rufam
Num ensurdecedor adormecer

Querem entrar...!
 Querem sair...!
Querem todos mostrar-se simultaneamente neste fim...
Sobem escadas, descem avenidas...
Com as cortinas rasgadas
Vêem que já não há mais maravilhas!
 A esperança terminou.

E no céu agita-se um falcão negro
Negro como o sangue do medo
Frio como a pedra mais cinzenta e dura
Nulo... como o vazio mais perpétuo...!

Daqui a nada serei menos que esse vácuo...!
E amanhã acordarás ignorando
Que ontem foi o dia em que parti.
Amanhã, será um novo dia.

Índice

Título do poema	página
O início do caminho	11
Hipernova	12
Avenida inatingível	13
Hoje sou eu assim	15
Nostalgia	16
O Poeta	18
O tempo	19
Apenas existir	20
Prisioneiro	22
O grito de uma planta	23
Tempo incerto	24
Múltiplo	25
Interrogações	27
O intervalo da loucura	29
O sonho	30
À tua frente	32
Eu, ninguém	34
Labirinto	35
Acorde, menina!	38
O gira-discos	39
Sou um pássaro	42
Amanhã absurdo	44
Onde estou?	45
Quarto secreto	47
Hoje	48
Vale do nada	49
O lugar dos medos	51
Libertação	52
Inevitável	54
Serena no jardim	55
Nulo de sentido	56

O interior oculto.. 57
Deambular onírico... 58
Notícia..59
Precipício líquido... 60
Rebelião... 61
Piano..63
Metamorfose... 64
A hora da montanha..67
Ironia.. 68
Porquê? 71
Metáforas.. 73
No chão.. 76
Estás aí? 77
Constatação de mim.. 79
O copo.. 81
Porta número 53.. 84
Vislumbre... 86
O que sou?... 89
Caminhos... 90
Talvez o último segundo... 96

www.ingramcontent.com/pod-product-compliance
Lightning Source LLC
Chambersburg PA
CBHW071312060426
42444CB00034B/1979